지은이 최설희
그린이 이진아
펴낸이 정규도
펴낸곳 (주)다락원

초판 1쇄 발행 2024년 4월 19일

편집 조선영
디자인 싱아

다락원 경기도 파주시 문발로 211
내용문의 (02) 736-2031 내선 276
구입문의 (02) 736-2031 내선 250~252
Fax (02) 732-2037

출판등록 1977년 9월 16일 제406-2008-000007호

Copyright © 2024, 최설희

저자 및 출판사의 허락 없이 이 책의 일부 또는 전부를 무단 복제·전재·발췌할 수 없습니다. 구입 후 철회는 회사 내규에 부합하는 경우에 가능하므로 구입문의처에 문의하시기 바랍니다. 분실·파손 등에 따른 소비자 피해에 대해서는 공정거래위원회에서 고시한 소비자 분쟁 해결 기준에 따라 보상 가능합니다. 잘못된 책은 바꿔 드립니다.

ISBN 978-89-277-4800-7 (73700)

http://www.darakwon.co.kr
다락원 홈페이지를 통해 인터넷 주문을 하시면 자세한 정보와 함께 다양한 혜택을 받으실 수 있습니다.

하루 한 장 × 50일 만에 완성하는 초등 명심보감!

하루 딱 한 장으로
명심보감 천재 되기

일석삼조 명심보감!!

최설희 지음 | 이진아 그림

다락원

여는 말

마음을 밝히는 명심보감!
만화와 퀴즈로 재미나게 배워 볼까?

　조선 시대, 서당으로 달려가는 꼬마 선조들을 떠올려 봐. 그들의 손에 들린 책 중에는 《명심보감》도 있을 거야. 《명심보감》은 조선 시대에 서당에서 기본적인 교재로 널리 읽혔던 책이니까.

　그럼 '명심보감'이라는 말의 뜻을 먼저 살펴볼까? 밝을 명明, 마음 심心, 보배 보寶, 거울 감鑑. 즉, '명심보감'은 '마음을 밝히는 보물과 같은 거울'이라는 뜻이야.

　옛날 사람들은 세상을 살아가기 위해 머리에 지식을 채우는 일도 중요하지만, 지혜를 쌓아 마음을 밝히는 일도 중요하다는 것을 잘 알고 있었어. 그리고 그 방법을 골똘히 생각하고, 오래된 문헌에서 찾아 글로 적었지. 선한 마음을 다스리는 방법, 다른 사람과 관계를 잘 맺는 방법, 말을 조심하는 방법, 예의를 지키는 방법, 몸을 바르게 하는 방법 등을 말이야.

　《명심보감》이 옛날에 쓰인 책이니까 고리타분하게 느껴질 수 있어. 옛날 말은 낯설기만 해서 무슨 말인지 이해가 안 될 수도 있지.

　그래서 이 책에서는 명심보감 구절에 딱 알맞은 여러 가지 상황을 재밌는 만화로 보여주기로 했어. 만화를 보았다면 이제 직접 따라서 써 봐. 손으로 정성껏 꾹꾹 눌러 쓰다 보면 그 의미도 마음속에 꾹꾹 새겨질 테니까. 다양한 퀴즈까지 풀며 50일을 함께해 보는 거야. 그러다 보면 어느새 네 마음속이 밝아질 거야.

　고전이란 그런 거란다. 오랜 시간이 지나도 변함없는 가치들을 품고 있지. 책에 숨겨진 귀한 가치들이 너를 밝고 보배롭게 자라게 할 거라 믿어!

저자 최설희

★ 영재가 알려 주는 이 책의 활용법! ★

이 책은 하루 딱 한 장씩, 50일 동안 명심보감 구절을 익힐 수 있도록 구성되어 있어. 다음 순서대로 활용해 봐.

❶ 오늘 배울 구절을 꼼꼼히 읽어 보자.

❸ 구절의 한자와 뜻을 천천히 따라 써 보자.

❷ 각 구절과 관련된 재미난 만화를 읽어 보자.

❹ 오늘 배운 구절을 생각하며 퀴즈를 풀어 보자. 정답은 바로 아래에 있어.

❺ '함께 생각해요!'도 잊지 말고 살펴보자.

쉬어 가기 코너의 정답은 **126쪽**부터 확인해 줘!

차례

1장 몸과 마음을 단단하게 하는 말

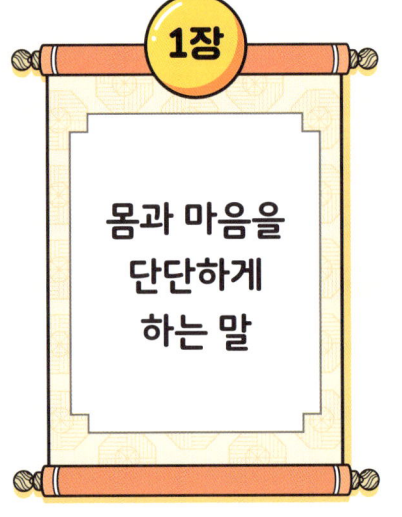

01일째	물이선소이불위 물이악소이위지	12
02일째	견선여갈 문악여롱	14
03일째	종과득과 종두득두	16
04일째	문인지방 미상노 문인지예 미상희	18
05일째	근위무가지보 신시호신지부	20
06일째	지족가락 무탐즉우	22
07일째	인성여수 수일경즉불가복 성일종즉불가반	24
08일째	득인차인 득계차계 불인불계 소사성대	26
쉬어 가기 1 길 찾기		28

09일째	옥불탁 불성기 인불학 부지의	30
10일째	인생불학 여명명야행	32
11일째	학여불급 유공실지	34
12일째	사수소 부작불성 자수현 불교불명	36
13일째	욕지미래 선찰이왕	38
14일째	화호화피난화골 지인지면부지심	40
15일째	불경일사 부장일지	42
16일째	황금천냥 미위귀 득인일어 승천금	44
쉬어 가기 2 선 연결하기, OX 퀴즈		46

17일째	영색무저항 난색비하횡	48
18일째	천불생무록지인 지부장무명지초	50
19일째	무고이득천금 불유대복 필유대화	52
20일째	독서 기가지본 근검 치가지본	54
21일째	일생지계 재어유 일년지계 재어춘	56
22일째	자효쌍친락 가화만사성	58
23일째	언불중리 불여불언	60
24일째	이인지언 난여면서 상인지어 이여형극	62
25일째	부적소류 무이성강하	64
쉬어 가기 3	숨은그림찾기	66

2장
함께 살아가기 위해 필요한 말

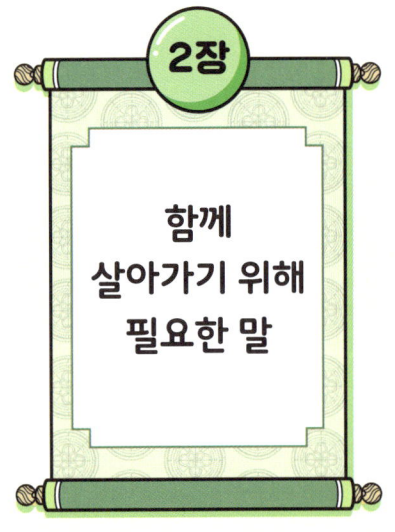

26일째	위선자 천보지이복 위불선자 천보지이화	70
27일째	부혜생아 모혜국아	72
28일째	부모재 불원유 유필유방	74
29일째	견인지선이심기지선 견인지악이심기지악	76
30일째	욕량타인 선수자량 상인지어 환시자상	78
31일째	과전 불납리 이하 부정관	80
32일째	이불문인지비 목불시인지단 구불언인지과	82
33일째	책인지심 책기 서기지심 서인	84
쉬어 가기 4 초성 퀴즈, 톡톡 퀴즈		86

34일째	시은물구보 여인물추회	88
35일째	심불부인 면무참색	90
36일째	책인자 부전교 자서자 불개과	92
37일째	붕우인지 명불폐 자신인지 무화해	94
38일째	자신자 인역신지	96
39일째	의인막용 용인물의	98
40일째	욕식기인 선시기우 욕지기부 선시기자	100
41일째	기소불욕 물시어인	102
쉬어 가기 5 사다리 타기, 퍼즐 퀴즈		104

42일째	장유유서 붕우유신	106
43일째	당관지법 유유삼사 왈청왈신왈근	108
44일째	노소장유 천분질서 불가패리이상도야	110
45일째	약요인중아 무과아중인	112
46일째	부불언자지덕 자불담부지과	114
47일째	폐구심장설 안신처처뢰	116
48일째	여선인거 여입지란지실	118
49일째	불결자화 휴요종 무의지붕 불가교	120
50일째	노요지마력 일구견인심	122
쉬어 가기 6	빈칸 퀴즈, 기말고사	124

쉬어 가기 1 답지 | 쉬어 가기 2 답지	126
쉬어 가기 3 답지 | 쉬어 가기 4 답지	127
쉬어 가기 5 답지 | 쉬어 가기 6 답지	128

몸과 마음을
단단하게 하는 말

계선편 착한 행동에 대한 글

물이선소이불위 물이악소이위지
勿 以 善 小 而 不 爲　勿 以 惡 小 而 爲 之

착한 일은 작아도 하지 않으면 안 되고,
나쁜 일은 작아도 하면 안 된다.

월   일   요일

 **뜻을 생각하며 바르게 따라 써 보세요.**

勿	以	善	小	而	不	爲	하고,		
말 물	써 이	착할 선	작을 소	말이을 이	아닐 불	할 위			

착한 일은 작아도 하지 않으면 안 되고,

勿	以	惡	小	而	爲	之	하라.		
말 물	써 이	악할 악	작을 소	말이을 이	할 위	이것 지			

나쁜 일은 작아도 하면 안 된다.

 **다음 중 '착함'을 뜻하는 한자에 ◯, '나쁨'을 뜻하는 한자에 △표를 해 보세요.**

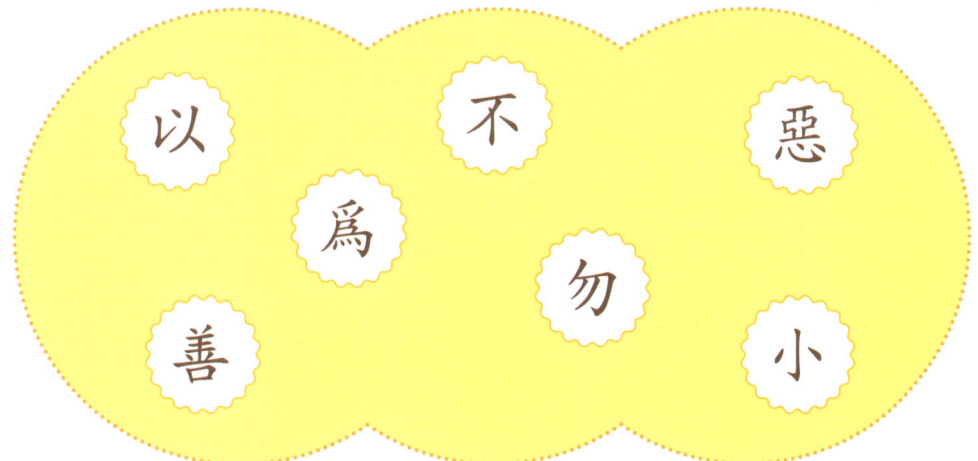

 마음속에는 양심이라는 거울이 있어. 양심은 착한 일과 나쁜 일을 구분하도록 도와주지. 자, 가슴에 손을 얹고 양심을 들여다봐. 그 일은 착한 일이야? 아니면 나쁜 일이야?

정답 ◯:善 △:惡

02 일째 · 계선편 착한 행동에 대한 글

견선여갈 문악여롱
見善如渴 聞惡如聾

착한 일을 보거든 목마른 듯이 하고,
나쁜 일을 듣거든 귀먹은 것처럼 하라.

참 잘했어요!

월　　일　　요일

스티커를 붙여 보세요

뜻을 생각하며 바르게 따라 써 보세요.

見	善	如	渴
볼 견	착할 선	같을 여	목마를 갈

하고,

착한 일을 보거든 목마른 듯이 하고,

聞	惡	如	聾
들을 문	악할 악	같을 여	귀먹을 롱

하라.

나쁜 일을 듣거든 귀먹은 것처럼 하라.

〈보기〉에서 알맞은 한자를 골라 빈칸을 채워 보세요.

〈보기〉　如　聞　見　惡

○　學
볼 견　배울 학

➡ 실지로 보고 그 일에 관한 구체적인 지식을 넓힘.

♥ 실지: 사물이 현재 있는 곳.

함께 생각해요!

나쁜 유혹이 더 달콤할 때가 있어. 그럴 때도 과감하게 뿌리칠 수 있어야 해. 나쁜 유혹을 뿌리치고 착한 일을 실천하는 용기를 길러 보자!

정답　見

03 일째 천명편 하늘의 명령을 두려워하는 글

종과득과 종두득두
種瓜得瓜 種豆得豆

오이를 심으면 오이를 얻고,
콩을 심으면 콩을 얻는다.

월   일   요일

 뜻을 생각하며 바르게 따라 써 보세요.

| 種
씨 종 | 瓜
오이 과 | 得
얻을 득 | 瓜
오이 과 | 요, |

오이를 심으면 오이를 얻고,

| 種
씨 종 | 豆
콩 두 | 得
얻을 득 | 豆
콩 두 | 니라. |

콩을 심으면 콩을 얻는다.

🔍 다음 중 '종과득과 종두득두'와 같은 뜻의 속담을 모두 찾아 ○표를 해 보세요.

❶ 시장이 반찬이다   (   )

❷ 콩 심은 데 콩 나고, 팥 심은 데 팥 난다   (   )

❸ 간이 콩알만 하다   (   )

❹ 아니 땐 굴뚝에 연기 날까   (   )

 어떤 일이든 원인에 따라 합당한 결과를 맞이한다는 뜻이야. 결과가 좋은 일도, 후회되는 일도 원인을 찾아 돌아보면 발전할 수 있지!

정답 ②, ④

04일째 정기편 몸을 바르게 하는 글

문인지방 미상노 문인지예 미상희
聞人之謗 未嘗怒 聞人之譽 未嘗喜

남의 비난을 들어도 성급히 화내지 말며,
남의 칭찬을 들어도 성급히 기뻐하지 말라.

월　　　일　　　요일

 **뜻을 생각하며 바르게 따라 써 보세요.**

聞	人	之	謗	이라도	未	嘗	怒	하며,
들을 문	사람 인	어조사 지	헐뜯을 방		아닐 미	일찍이 상	성낼 노	

남의 비난을 들어도 성급히 화내지 말며,

聞	人	之	譽	라도	未	嘗	喜	하라.
들을 문	사람 인	어조사 지	칭찬할 예		아닐 미	일찍이 상	기쁠 희	

남의 칭찬을 들어도 성급히 기뻐하지 말라.

 **다음 그림과 어울리는 한자를 〈보기〉에서 찾아 써 보세요.**

 조급한 마음은 실수를 부르는 법이야. 비난을 듣거나 칭찬을 들어도 바로 반응하지 말고, 내 행동이 그런 말을 들을 법한지 곰곰이 생각해 봐야 해.

정답 怒

05일째 정기편 몸을 바르게 하는 글

근위무가지보 신시호신지부
勤爲無價之寶 愼是護身之符

부지런함은 값을 따질 수 없는 보물이요,
늘 조심하는 것은 몸을 보호하는 부적이다.

참 잘했어요!

월　　일　　요일

스티커를 붙여 보세요

 뜻을 생각하며 바르게 따라 써 보세요.

勤	爲	無	價	之	寶	요,			
부지런할 근	할 위	없을 무	값 가	어조사 지	보배 보				
부지런함은 값을 따질 수 없는 보물이요,										
愼	是	護	身	之	符	니라.			
삼갈 신	이 시	보호할 호	몸 신	어조사 지	부적 부				
늘 조심하는 것은 몸을 보호하는 부적이다.										

 다음 한자와 뜻을 알맞게 이어 보세요.

寶　•　　　•　부지런함

勤　•　　　•　보물

身　•　　　•　몸

 함께 생각해요!

부지런한 생활 태도가 쌓이고 쌓이면 귀한 습관이 될 거야. 늘 조심하는 태도도 몸에 배면 좋은 습관이 되겠지? 주변에 조심할 게 뭐가 있을까? 몸조심, 낯선 사람 조심, 차 조심……

06일째 **안분편** 분수를 편안히 하는 글

지족가락 무탐즉우
知足可樂 務貪則憂

만족할 줄 알면 즐거울 수 있고,
욕심을 부리면 곧 걱정이 생긴다.

참 잘했어요!

월   일   요일

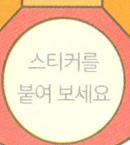
스티커를 붙여 보세요

 뜻을 생각하며 바르게 따라 써 보세요.

知	足	可	樂	이요,
알 지	족할 족	가히 가	즐거울 락	

만족할 줄 알면 즐거울 수 있고,

務	貪	則	憂	니라.
힘쓸 무	탐할 탐	곧 즉	근심 우	

욕심을 부리면 곧 걱정이 생긴다.

 다음 문장과 관련된 감정을 〈보기〉에서 골라 써 보세요.

〈보기〉   務   樂   貪   憂

야호~ 오늘은 즐거운 소풍날!
아침부터 정말 신이 나!

 함께 생각해요!

흥부와 놀부 알지? 흥부는 다친 제비 다리를 고쳐 주고 금은보화를 얻었지만, 놀부는 일부러 제비 다리를 부러뜨리고 고쳐 주어 벌을 받았잖아. 이처럼 욕심이 가득한 마음에는 행복이 찾아갈 자리가 없어!

정답 樂

07일째 계성편 성품을 경계하는 글

인성여수 수일경즉불가복 성일종즉불가반
人性如水 水一傾則不可復 性一縱則不可反

사람의 성품은 물과 같아서, 물을 한 번 쏟으면 회복할 수 없고,
성품도 한 번 방종해지면 돌이킬 수 없다.

♥ 방종하다: 제멋대로 행동하여 거리낌이 없다.

월   일   요일

참 잘했어요!
스티커를 붙여 보세요

 **뜻을 생각하며 바르게 따라 써 보세요.**

人	性	如	水	하여,	水	一	傾	則	不
사람 인	성품 성	같을 여	물 수		물 수	하나 일	기울 경	곧 즉	아닐 불

사람의 성품은 물과 같아서, 물을 한 번 쏟으면 회복할 수

可	復	이요,	性	一	縱	則	不	可	反	이다.
가히 가	회복할 복		성품 성	하나 일	방종할 종	곧 즉	아닐 불	가히 가	되돌릴 반	

없고, 성품도 한 번 방종해지면 돌이킬 수 없다.

 **'인성여수'의 한자와 뜻을 알맞게 이어 보세요.**

사람의   성품은   물과   같다

함께 생각해요!

'한 번쯤이야!', '한 번인데 뭐 어때?' 하는 생각이 몸과 마음을 흐트러지게 해. 바른 몸가짐과 바른 생각은 언제 어디서나 잊지 말자!

정답 ǁ X

25

08일째 계성편 성품을 경계하는 글

득인차인 득계차계 불인불계 소사성대
得忍且忍　得戒且戒　不忍不戒　小事成大

참을 수 있으면 또 참고, 경계할 수 있으면 또 경계해라.
참지 않고 경계하지 않으면 작은 일이 크게 된다.

💛 경계하다: 사고가 생기지 않도록 조심하여 단속하다.

월   일   요일

뜻을 생각하며 바르게 따라 써 보세요.

| 得 | 忍 | 且 | 忍 | 하고, | 得 | 戒 | 且 | 戒 | 하라. |
| 얻을 득 | 참을 인 | 또 차 | 참을 인 | | 얻을 득 | 경계할 계 | 또 차 | 경계할 계 | |

참을 수 있으면 또 참고, 경계할 수 있으면 또 경계해라.

| 不 | 忍 | 不 | 戒 | 면 | 小 | 事 | 成 | 大 | 니라. |
| 아닐 불 | 참을 인 | 아닐 불 | 경계할 계 | | 작을 소 | 일 사 | 이룰 성 | 큰 대 | |

참지 않고 경계하지 않으면 작은 일이 크게 된다.

<보기>에서 알맞은 한자를 골라 빈칸을 채워 보세요.

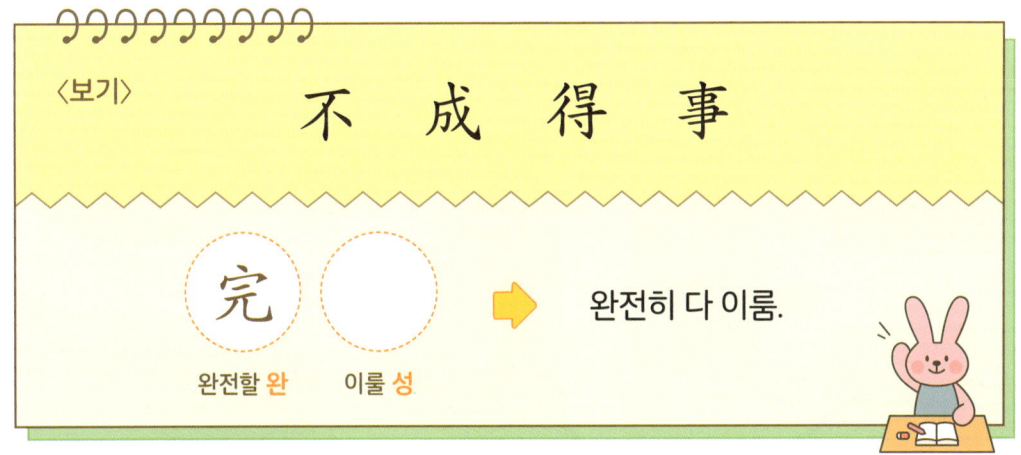

<보기> 不 成 得 事

完 ◯ ➡ 완전히 다 이룸.
완전할 완 이룰 성

살다 보면 원하는 것이 있어도 참아야 할 때가 있어. 무작정 행동으로 옮기면 후회가 따라오거든. 잠깐의 충동으로 어떤 일을 그르치지 않도록 조심하자!

정답 成

쉬어 가기 1 길 찾기

영재가 발을 동동 구르고 있어요. 잠시 창문을 열어 둔 사이 냥이가 집을 나갔거든요! 영재가 냥이를 찾을 수 있도록 힌트를 보고 알맞은 단어를 골라 미로를 통과해 보세요.

힌트

① ○○를 심으면 오이를 얻고, 콩을 심으면 콩을 얻는다.

② 남의 비난을 들어도 성급히 화내지 말며, 남의 ○○을 들어도 성급히 기뻐하지 말라.

③ 부지런함은 값을 따질 수 없는 ○○이요, 늘 조심하는 것은 몸을 보호하는 부적이다.

④ 만족할 줄 알면 즐거울 수 있고, ○○을 부리면 곧 걱정이 생긴다.

⑤ ○을 한 번 쏟으면 회복할 수 없고, 성품도 한 번 방종해지면 돌이킬 수 없다.

09 일째

근학편 배움을 부지런히 하는 글

옥불탁 불성기 인불학 부지의
玉不琢 不成器 人不學 不知義

옥은 다듬지 않으면 그릇이 되지 않고,
사람은 배우지 않으면 옳음을 알지 못한다.

월   일   요일

뜻을 생각하며 바르게 따라 써 보세요.

玉	不	琢	이면	不	成	器	하고,		
옥 옥	아닐 불	다듬을 탁		아닐 불	이룰 성	그릇 기			

옥은 다듬지 않으면 그릇이 되지 않고,

人	不	學	이면	不	知	義	니라.		
사람 인	아닐 불	배울 학		아닐 부	알 지	옳을 의			

사람은 배우지 않으면 옳음을 알지 못한다.

다음 그림과 어울리는 한자를 〈보기〉에서 찾아 써 보세요.

〈보기〉 玉　成　器　學

책을 펼치고 하는 것만이 공부는 아닐 거야. 세상은 넓고, 배울 것은 많으니까! 난 몸과 마음으로 세상을 배우는 것도 공부라 생각해. 분명 우리는 일상생활에서도 배우는 게 있을 거야.

정답 學

10일째 　**근학편** 배움을 부지런히 하는 글

인생불학 여명명야행
人生不學 如冥冥夜行

사람이 태어나 배우지 않으면
어둡고 어두운 밤길을 가는 것과 같다.

월　　일　　요일

 뜻을 생각하며 바르게 따라 써 보세요.

人	生	不	學	이면				
사람 인	날 생	아닐 불	배울 학					
사람이 태어나 배우지 않으면								
如	冥	冥	夜	行	이니라.			
같을 여	어두울 명	어두울 명	밤 야	갈 행				
어둡고 어두운 밤길을 가는 것과 같다.								

 다음 한자와 관련 있는 그림에 ◯표를 해 보세요.

 무언가 새롭게 알게 되었을 때, 세상이 밝아지면서 커지는 느낌을 받은 적 있어? 어두운 밤길에 등불을 켜는 것처럼 배움은 더 넓고 밝은 세상을 만나게 해 준대. 신기하지?

정답　달

33

11일째 근학편 배움을 부지런히 하는 글

학여불급 유공실지
學 如 不 及　猶 恐 失 之

배움은 미치지 못한 듯이 하고,
오히려 그것을 잃을까 두려워해라.

♥ 미치다: 수준 따위가 일정한 선에 닿다.

월   일   요일

뜻을 생각하며 바르게 따라 써 보세요.

學	如	不	及	이요,
배울 학	같을 여	아닐 불	미칠 급	

배움은 미치지 못한 듯이 하고,

猶	恐	失	之	니라.
오히려 유	두려울 공	잃을 실	이것 지	

오히려 그것을 잃을까 두려워하라.

다음 밑줄 친 부분이 뜻하는 한자를 〈보기〉에서 찾아 써 보세요.

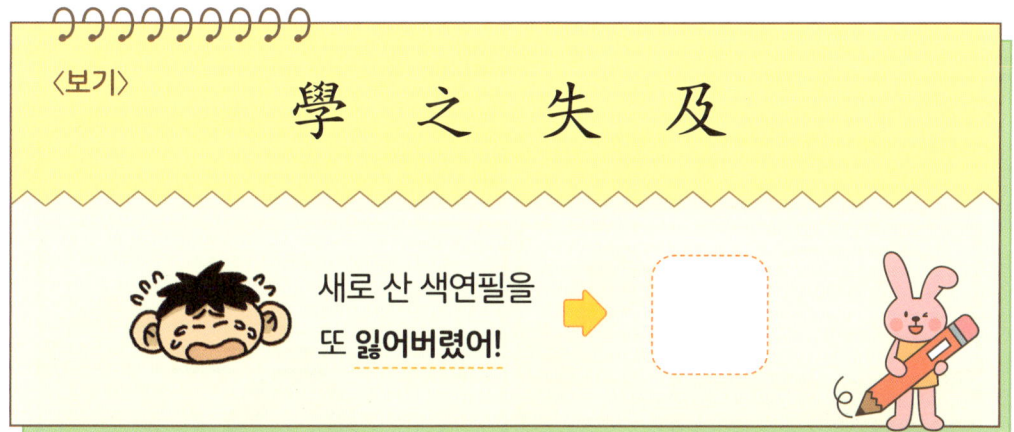

〈보기〉 學   之   失   及

새로 산 색연필을 또 <u>잃어버렸어</u>!

늘 부족하다는 마음으로 열심히 공부하고, 또 공부한 것을 잊지 않도록 계속 노력해야 해. 모르는 게 있으면 끊임없이 물어보고, 복습하는 자세가 필요한 거지!

정답 失

12일째 훈자편 자녀를 가르치는 글

사수소 부작불성 자수현 불교불명
事雖小 不作不成 子雖賢 不敎不明

일이 비록 작더라도 하지 않으면 이루지 못하고,
자식이 비록 어질더라도 가르치지 않으면 현명해지지 못한다.

♥ 어질다: 마음이 너그럽고 착하며 슬기롭고 덕이 높다.

참 잘했어요!

월　　일　　요일

스티커를 붙여 보세요

 뜻을 생각하며 바르게 따라 써 보세요.

事	雖	小	나	不	作	不	成	이요,
일 사	비록 수	작을 소		아닐 부	지을 작	아닐 불	이룰 성	

일이 비록 작더라도 하지 않으면 이루지 못하고,

子	雖	賢	이나	不	教	不	明	이니라.
아들 자	비록 수	어질 현		아닐 불	가르칠 교	아닐 불	밝을 명	

자식이 비록 어질더라도 가르치지 않으면 현명해지지 못한다.

 '불교불명'의 한자와 뜻을 알맞게 이어 보세요.

不　　　教　　　不　　　明

가르치지　　않으면　　현명해지지　　못한다.

 함께 생각해요!

부모님의 가르침이 때로 잔소리처럼 들릴 수 있어. 하지만 분명 세상을 살아가는 데 필요한 말일 테니 귀담아듣고 실천해 보자. 그것이 사소한 일일지라도 말이야!

정답

욕지미래 선찰이왕
欲 知 未 來　先 察 已 往

미래를 알려거든
이미 지난 일을 먼저 살펴라.

월   일   요일

 **뜻을 생각하며 바르게 따라 써 보세요.**

欲	知	未	來	인대
하고자할 욕	알 지	아닐 미	올 래	

미래를 알려거든

先	察	己	往	이니라.
먼저 선	살필 찰	이미 이	갈 왕	

이미 지난 일을 먼저 살펴라.

 **다음 빈칸을 채워 '욕지미래 선찰이왕' 구절과 그 뜻을 완성해 보세요.**

欲知 ◯ ◯   ◯ 察己往

: _____ 를 알려거든 이미 지난 일을 _____ 살펴라.

 과거의 내가 쌓여 지금의 내가 있고, 또 지금의 내가 쌓여 미래의 내가 돼. 그러니까 지나가는 시간을 헛되이 보내면 안 되겠지? 이 시간이 곧 경험이 되고, 지혜가 된다는 거 잊지 마!

정답 未, 來, 先, 미래, 먼저

14일째 성심편 마음을 살피는 글

화호화피난화골 지인지면부지심
畫虎畫皮難畫骨 知人知面不知心

호랑이를 그리되 가죽은 그릴 수 있지만 뼈는 그리기 어렵고,
사람을 알되 얼굴은 알지만 마음은 알지 못한다.

　　　　　　　　　　　　　　　　월　　　일　　요일

　**뜻을 생각하며 바르게 따라 써 보세요.**

畫	虎	畫	皮	難	畫	骨	이요,		
그림 화	호랑이 호	그림 화	가죽 피	어려울 난	그림 화	뼈 골			

호랑이를 그리되 가죽은 그릴 수 있지만 뼈는 그리기 어렵고,

知	人	知	面	不	知	心	이니라.		
알 지	사람 인	알 지	얼굴 면	아닐 부	알 지	마음 심			

사람을 알되 얼굴은 알지만 마음은 알지 못한다.

　**서로 어울리는 글자와 그림을 연결해 보세요.**

畫　•　　　　　　•　

虎　•　　　　　　•　

 보이지 않는 걸 알아내기란 쉽지 않아. 마찬가지로 겉모습만 보고 그 사람을 다 안다고 할 수도 없지. 속마음은 감춰져 있으니 온전히 알기 어렵거든.

성심편 마음을 살피는 글

불경일사 부장일지
不經一事 不長一智

한 가지 일을 경험하지 않으면
한 가지 지혜가 자라지 않는다.

몸과 마음을 단단하게 하는 말

월   일   요일

 **뜻을 생각하며 바르게 따라 써 보세요.**

不	經	一	事	면
아닐 불	지날 경	하나 일	일 사	

한 가지 일을 경험하지 않으면

不	長	一	智	니라.
아닐 부	자랄 장	하나 일	지혜 지	

한 가지 지혜가 자라지 않는다.

 **한자가 만들어진 원리를 보고, 어떤 한자인지 빈칸에 써 보세요.**

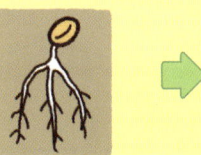 →  →

땅속에 뿌리를 내린 씨앗을 그린 것으로, 아직 싹을 틔우지 못한 상태라는 의미에서 '아니다', '못하다', '없다'를 뜻하는 글자가 되었다.

 음식도 먹어 봐야 맛을 알 듯, 어떤 일이든 직접 겪어야 깨달음을 얻을 수 있어. 이것저것 경험하다 보면 다양한 지식과 지혜가 쌓일 거야!

정답 不

황금천냥 미위귀 득인일어 승천금
黃金千兩 未爲貴 得人一語 勝千金

황금 천 냥이 귀한 것이 아니라,
사람의 말 한마디를 얻는 것이 천금보다 낫다.

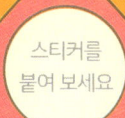

월　　일　　요일

 뜻을 생각하며 바르게 따라 써 보세요.

黃	金	千	兩	이	未	爲	貴	요,
누를 황	쇠 금	일천 천	냥 냥		아닐 미	할 위	귀할 귀	

황금 천 냥이 귀한 것이 아니라,

得	人	一	語	가	勝	千	金	이니라.
얻을 득	사람 인	하나 일	말씀 어		이길 승	일천 천	쇠 금	

사람의 말 한마디를 얻는 것이 천금보다 낫다.

 다음 빈칸에 공통으로 들어갈 한자를 〈보기〉에서 찾아 써 보세요.

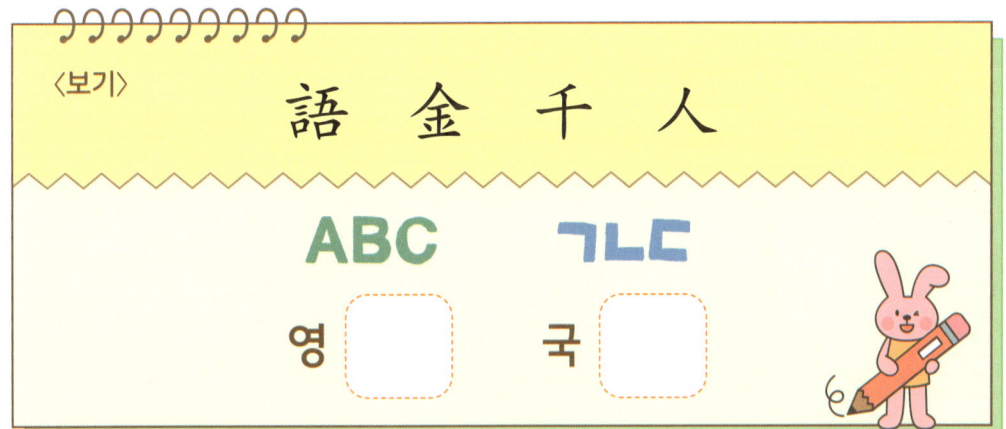

〈보기〉　語　金　千　人

ABC　　ㄱㄴㄷ

영 ☐　　국 ☐

 난 좋은 말의 힘을 믿어. 아빠의 요리 실력을 성장시키는 말, 용기 잃은 아빠를 위로하는 말, 가족에게 사랑을 전하는 말. 이처럼 다정하고 따뜻한 말들은 그 무엇보다 귀하고 힘이 세!

정답 語

서로 어울리는 글자와 그림을 연결해 보세요.

- 玉
- 面
- 人
- 金
- 骨

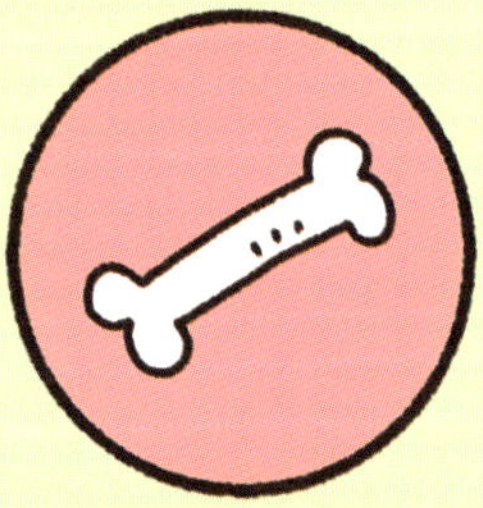

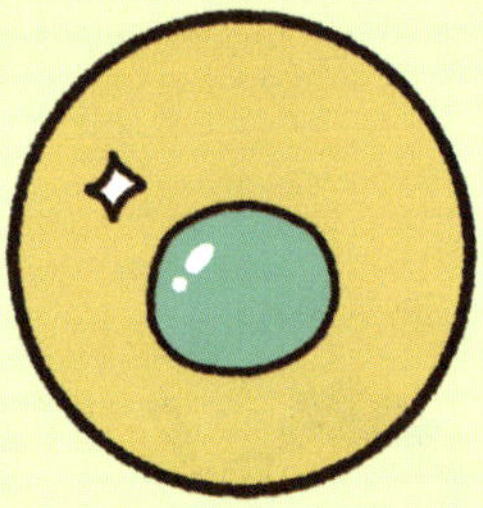

영재와 친구들이 명심보감 골든벨 퀴즈에 참가하게 되었어요!
이번에는 아래 제시어와 관련된 문제가 나온대요.
문제를 읽고 맞으면 O, 틀리면 X를 표시해 보세요.

| 인생불 ◯ 여명명야행 | ◯ 여불급 유공실지 |
| 人生不 ◯ 如冥冥夜行 | ◯ 如不及 猶恐失之 |

① 빈칸에 공통으로 들어갈 한자는 學이다.

② '여명명야행'은 어둡고 어두운 밤길을 가는 것과 같다는 뜻이다.

③ '유공실지'는 오히려 잃어버린 걸 실감한다는 뜻이다.

성심편 마음을 살피는 글

영색무저항 난색비하횡
寧塞無底缸 難塞鼻下橫

차라리 밑 빠진 항아리는 막아도
코 아래에 가로놓인 입은 막기 어렵다.

월　　　일　　　요일

 뜻을 생각하며 바르게 따라 써 보세요.

寧	塞	無	底	缸	이언정				
차라리 영	막힐 색	없을 무	밑 저	항아리 항					
차라리 밑 빠진 항아리는 막아도									
難	塞	鼻	下	橫	이니라.				
어려울 난	막힐 색	코 비	아래 하	가로 횡					
코 아래에 가로놓인 입은 막기 어렵다.									

 다음 그림과 어울리는 한자를 〈보기〉에서 찾아 써 보세요.

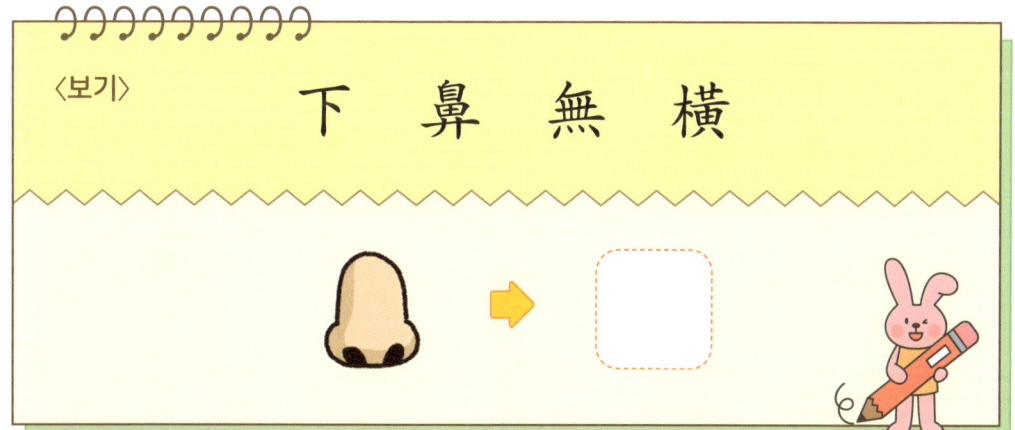

 입 밖으로 나온 말은 다시 주워 담을 수 없으니 늘 신중해야 해. 오늘 하루 동안 어떤 말들을 했어? 그 말들은 의미 있는 말이었는지 한번 생각해 보자.

정답 鼻

18일째 성심편 마음을 살피는 글

천불생무록지인 지부장무명지초
天不生無祿之人 地不長無名之草

하늘은 녹 없는 사람을 내지 않고,
땅은 이름 없는 풀을 기르지 않는다.

● 녹: 관리의 월급. 즉, 능력을 뜻함.

월   일   요일

뜻을 생각하며 바르게 따라 써 보세요.

天	不	生	無	祿	之	人	하고,
하늘 천	아닐 불	날 생	없을 무	녹 록	어조사 지	사람 인	

하늘은 녹 없는 사람을 내지 않고,

地	不	長	無	名	之	草	니라.
땅 지	아닐 부	기를 장	없을 무	이름 명	어조사 지	풀 초	

땅은 이름 없는 풀을 기르지 않는다.

다음 밑줄 친 부분이 뜻하는 한자를 〈보기〉에서 찾아 써 보세요.

〈보기〉   天   名   地   長

내 **이름**은 나영재!
세상에서 가장 똑똑하지!

함께 생각해요! 모든 풀이 이름을 가지고 있듯, 이 세상에 헛된 존재는 없어. 작든 크든 생명이라면 다 살아가는 이유가 있지. 사람도 마찬가지야. 우리 모두 귀한 존재라는 사실을 잊지 말자!

정답 名

19일째 **성심편** 마음을 살피는 글

무고이득천금 불유대복 필유대화
無故而得千金 不有大福 必有大禍

까닭 없이 천금을 얻으면
큰 복이 있는 게 아니라 반드시 큰 재앙이 닥친다.

월　　일　　요일

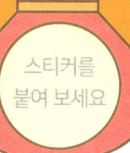

 뜻을 생각하며 바르게 따라 써 보세요.

無	故	而	得	千	金	이면			
없을 무	까닭 고	말이을 이	얻을 득	일천 천	쇠 금				

까닭 없이 천금을 얻으면

不	有	大	福	이라	必	有	大	禍	니라.
아니 불	있을 유	큰 대	복 복		반드시 필	있을 유	큰 대	재앙 화	

큰 복이 있는 게 아니라 반드시 큰 재앙이 닥친다.

 다음 그림을 보고, 알맞은 반대말을 〈보기〉에서 찾아 써 보세요.

〈보기〉　金　大　有　無

 함께 생각해요!

노력하여 얻어낸 것은 지키기 위해 애를 쓸 테지만, 아무 노력 없이 얻은 것은 놓치기 쉬워. 때로는 방심해서 안 좋은 일이 벌어질 수도 있지. 그러니까 늘 주의하자!

정답 有, 無

53

20일째

입교편 가르침을 세우는 글

독서 기가지본 근검 치가지본
讀書 起家之本 勤儉 治家之本

책을 읽는 것은 집안을 일으키는 근본이고,
부지런하고 검소한 것은 집안을 다스리는 근본이다.

월   일   요일

뜻을 생각하며 바르게 따라 써 보세요.

讀	書	는	起	家	之	本	이요,		
읽을 독	글 서		일어날 기	집 가	어조사 지	근본 본			

책을 읽는 것은 집안을 일으키는 근본이고,

勤	儉	은	治	家	之	本	이니라.		
부지런할 근	검소할 검		다스릴 치	집 가	어조사 지	근본 본			

부지런하고 검소한 것은 집안을 다스리는 근본이다.

다음 중 '책을 읽다'를 뜻하는 한자어에 ◯표를 해 보세요.

生日   讀書   天地

父母   大小

함께 생각해요! 부지런하고 검소하게 집안을 가꾸면 행복함과 평화로움이 저절로 찾아와. 그러면 내면을 행복하고 평화롭게 가꾸는 방법은 무엇일까? 맞아, 바로 독서지!

정답 讀書

 **21일째** **입교편** 가르침을 세우는 글

일생지계 재어유 일년지계 재어춘
一生之計 在於幼 一年之計 在於春

일생의 계획은 어릴 때에 있고,
일 년의 계획은 봄에 있다.

월　　　일　　　요일

참 잘했어요!
스티커를 붙여 보세요

 뜻을 생각하며 바르게 따라 써 보세요.

一	生	之	計	는	在	於	幼	하고,
하나 일	날 생	어조사 지	계획 계		있을 재	어조사 어	어릴 유	

일생의 계획은 어릴 때에 있고,

一	年	之	計	는	在	於	春	이다.
하나 일	해 년	어조사 지	계획 계		있을 재	어조사 어	봄 춘	

일 년의 계획은 봄에 있다.

 〈보기〉에서 알맞은 한자를 골라 빈칸을 채워 보세요.

〈보기〉　年　生　一　春

목표가 있다면 계획을 세우는 게 도움이 돼. 친구들은 어떤 목표를 가지고 있어? 지금도 늦지 않았으니 목표를 위해 계획을 세우고 오늘부터 실천해 봐. 자, 오늘부터 1일!

정답　年

22일째

치가편 집안을 다스리는 글

자효쌍친락 가화만사성
子孝雙親樂 家和萬事成

자식이 효도하면 부모님이 즐겁고,
집안이 화목하면 모든 일이 잘된다.

참 잘했어요!

월　　일　　요일

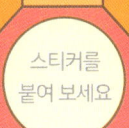
스티커를 붙여 보세요

 **뜻을 생각하며 바르게 따라 써 보세요.**

子	孝	雙	親	樂	이요,
아들 자	효도 효	쌍 쌍	친할 친	즐거울 락	

자식이 효도하면 부모님이 즐겁고,

家	和	萬	事	成	이니라.
집 가	화목할 화	일만 만	일 사	이룰 성	

집안이 화목하면 모든 일이 잘된다.

 **서로 어울리는 글자와 그림을 연결해 보세요.**

家 •　　　　•

雙 •　　　　•

 함께 생각해요!

가족들과 화목하게 지내려면 누가 가장 노력해야 할까? 맞아, 한 명도 빠짐없이 모두 노력해야 해!

언어편 말을 조심하는 글

언불중리 불여불언
言不中理 不如不言

이치에 맞지 않는 말이면
말하지 않는 편이 더 낫다.

참 잘했어요!

월   일   요일

스티커를 붙여 보세요

 뜻을 생각하며 바르게 따라 써 보세요.

言	不	中	理	면
말씀 언	아닐 불	가운데 중	이치 리	

이치에 맞지 않는 말이면

不	如	不	言	이니라.
아닐 불	같을 여	아닐 불	말씀 언	

말하지 않는 편이 더 낫다.

 다음 중 '이치'를 뜻하는 한자에 ◯, '말'을 뜻하는 한자에 △ 표를 해 보세요.

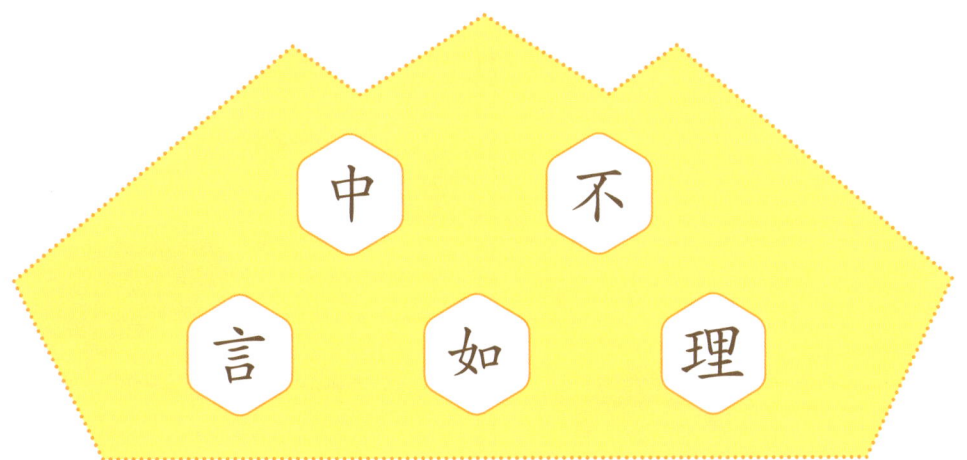

 고양이는 절대 키울 수 없다고 하던 아빠가 고양이의 애교에 살살 녹아 버렸지 뭐야. 아빠의 말과 행동이 다르다니, 이게 바로 '언불중리 불여 불언' 아닐까?

정답 ◯ : 理 △ : 言

61

언어편 말을 조심하는 글

이인지언 난여면서 상인지어 이여형극
利人之言 煖如綿絮 傷人之語 利如荊棘

사람을 이롭게 하는 말은 따뜻하기가 솜과 같고,
사람을 다치게 하는 말은 날카롭기가 가시와 같다.

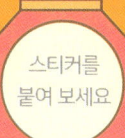

월 　 일 　 요일

뜻을 생각하며 바르게 따라 써 보세요.

利	人	之	言	은	煖	如	綿	絮	하고,
이로울 이	사람 인	어조사 지	말씀 언		따뜻할 난	같을 여	솜 면	솜 서	

사람을 이롭게 하는 말은 따뜻하기가 솜과 같고,

傷	人	之	語	는	利	如	荊	棘	이니라.
상처 상	사람 인	어조사 지	말씀 어		날카로울 이	같을 여	가시 형	가시 극	

사람을 다치게 하는 말은 날카롭기가 가시와 같다.

〈보기〉에서 알맞은 한자를 골라 빈칸을 채워 보세요.

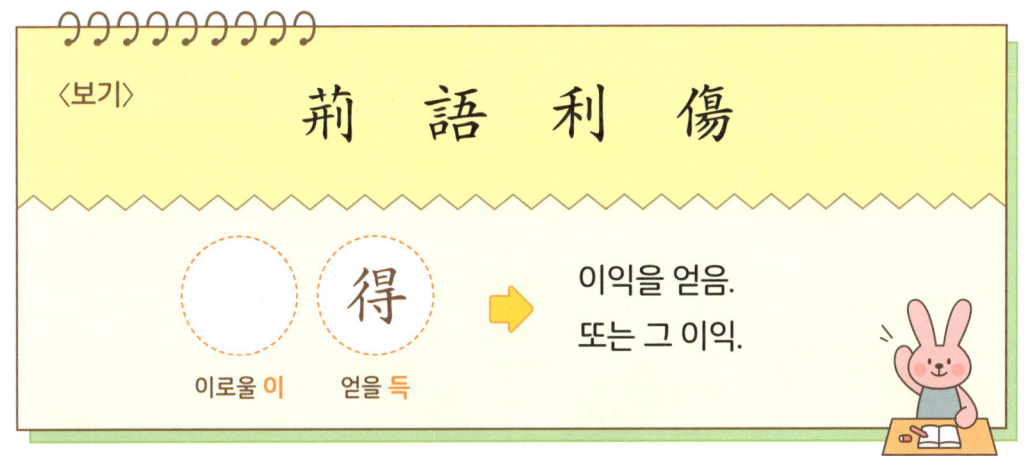

〈보기〉 荊 語 利 傷

○ 得 ➡ 이익을 얻음. 또는 그 이익.

이로울 이　　얻을 득

함께 생각해요! 오늘 친구들에게 어떤 말을 했는지 돌이켜 보자. 솜옷처럼 따스한 말? 마음에 상처를 내는 차갑고 날카로운 말? 나는 이 세상에 따뜻한 말을 주고받는 사람들이 많아지면 좋겠어.

정답 利

25일째  권학편 배움을 권하는 글

부적소류 무이성강하
不積小流 無以成江河

작은 물이 모이지 않으면
강과 하천을 이룰 수 없다.

- 제법 무거워졌잖아? 찰캉찰캉~
- 힝, 생각보다 얼마 안되네.
- 잠시 후 / 그게 뭐니, 영재야?
- 모은 돈으로 또 저금통을 샀어요. / 이걸 다 채우면 원하는 걸 살 수 있을 거예요! / 게임기 사야지~ / 기특하긴 한데…. 저금통을 이렇게나 많이…?

64 몸과 마음을 단단하게 하는 말

월   일   요일

뜻을 생각하며 바르게 따라 써 보세요.

不	積	小	流	면
아닐 부	쌓을 적	작을 소	흐를 류	

작은 물이 모이지 않으면

無	以	成	江	河	니라.
없을 무	써 이	이룰 성	강 강	물 하	

강과 하천을 이룰 수 없다.

다음 중 '부적소류 무이성강하'와 같은 뜻의 속담을 모두 찾아 ◎표를 해 보세요.

❶ 천 리 길도 한 걸음부터   (   )

❷ 도둑이 제 발 저리다   (   )

❸ 원수는 외나무다리에서 만난다   (   )

❹ 티끌 모아 태산   (   )

 작은 노력이라도 계속하다 보면 언젠가 좋은 결과가 있을 거야. 혹시나 좋은 결과가 없어도 뭐 어때? 쉬지 않고 노력한 나를 스스로 칭찬하면 되지!

정답 ①, ④

쉬어 가기 3 숨은그림찾기

<보기>를 참고하여 빈칸을 채우고, 그 단어를 오른쪽 그림에서 찾아보세요.

① 차라리 밑 빠진 ▢ 는 막아도

　▢ 아래에 가로놓인 ▢ 은 막기 어렵다.

② ▢ 을 읽는 것은 집안을 일으키는 근본이고,

　부지런하고 검소한 것은 집안을 다스리는 근본이다.

③ 사람을 이롭게 하는 말은 따뜻하기가 ▢ 과 같고,

　사람을 다치게 하는 말은 날카롭기가 가시와 같다.

보기

항아리　책　코　입　솜

함께 살아가기 위해 필요한 말

26일째 계선편 착한 행동에 대한 글

위선자 천보지이복 위불선자 천보지이화
爲善者 天報之以福 爲不善者 天報之以禍

착한 일을 하는 사람은 하늘이 복으로 갚고,
나쁜 일을 하는 사람은 하늘이 재앙으로 갚는다.

참 잘했어요!

월   일   요일

스티커를 붙여 보세요

 뜻을 생각하며 바르게 따라 써 보세요.

爲	善	者	는	天	報	之	以	福	하고,
할 위	착할 선	사람 자		하늘 천	갚을 보	어조사 지	써 이	복 복	

착한 일을 하는 사람은 하늘이 복으로 갚고,

爲	不	善	者	는	天	報	之	以	禍	니라.
할 위	아닐 불	착할 선	사람 자		하늘 천	갚을 보	어조사 지	써 이	재앙 화	

나쁜 일을 하는 사람은 하늘이 재앙으로 갚는다.

 다음 빈칸에 공통으로 들어갈 단어를 한자로 써 보세요.

착한 일을 하는 사람은 (   )이 복으로 갚고,

나쁜 일을 하는 사람은 (   )이 재앙으로 갚는다.

(   )

 맹종은 병든 어머니를 위해 눈보라 치는 한겨울에 죽순을 구해 왔대. 맹종의 효심에 감동한 하늘이 대나무 밭의 눈을 녹이고 죽순을 돋아나게 한 덕분이었지. 착한 마음이 기적을 일으키는 걸까?

정답 天

71

27일째 효행편 효도에 대한 글

부혜생아 모혜국아
父兮生我 母兮鞠我

아버지는 나를 낳으시고,
어머니는 나를 기르셨다.

월   일   요일

 뜻을 생각하며 바르게 따라 써 보세요.

| 父 | 兮 | 生 | 我 | 하시고, |
| 아버지 부 | 어조사 혜 | 날 생 | 나 아 | |

아버지는 나를 낳으시고,

| 母 | 兮 | 鞠 | 我 | 하신다. |
| 어머니 모 | 어조사 혜 | 기를 국 | 나 아 | |

어머니는 나를 기르셨다.

 다음 그림에 해당하는 한자를 쓰고, 둘을 합해 단어를 만들어 보세요.

 반려동물을 키우다 보면 힘들 때도 있지만 너무 사랑스러워서 잘 키우고 싶은 마음이 들어. 부모님도 나를 보면 그런 마음이 드시겠지? 늘 나를 위해 힘쓰는 부모님께 감사한 마음을 지니자!

정답 父, 母, 父母

효행편 효도에 대한 글

부모재 불원유 유필유방
父母在 不遠遊 遊必有方

부모님이 계시거든 멀리 가지 말고,
갈 때는 반드시 가는 곳을 알려야 한다.

월   일   요일

 뜻을 생각하며 바르게 따라 써 보세요.

父	母	在	어시든	不	遠	遊	하며,		
아버지 부	어머니 모	있을 재		아닐 불	멀 원	놀 유			

부모님이 계시거든 멀리 가지 말고,

遊	必	有	方	이니라.					
놀 유	반드시 필	있을 유	모 방						

갈 때는 반드시 가는 곳을 알려야 한다.

 다음 문장에서 틀린 부분을 찾아 바르게 고쳐 써 보세요.

부모재 불원유 유필유방은

❶ **부모님**이 계시거든 ❷ **가까이** 가지 말고,

❸ **갈 때는** ❹ **반드시** 가는 곳을 알려야 한다는 뜻이다.

(   )

우리가 말도 없이 사라지면 부모님이 무척 걱정하실 거야. 부모님을 걱정시키지 않는 것이 자식이 해야 할 일이겠지? 그러니까 외출할 때는 부모님께 말씀드리는 걸 깜빡하지 말자!

정답 ② 멀리

29일째 정기편 몸을 바르게 하는 글

견인지선이심기지선 견인지악이심기지악
見人之善而尋己之善 見人之惡而尋己之惡

남의 착한 것을 보거든 나의 착한 것을 찾고,
남의 악한 것을 보거든 나의 악한 것을 찾아라.

함께 살아가기 위해 필요한 말

월   일   요일

 스티커를 붙여 보세요

 **뜻을 생각하며 바르게 따라 써 보세요.**

見	人	之	善	而	尋	己	之	善	하고,
볼 견	사람 인	어조사 지	착할 선	말이을 이	찾을 심	자기 기	어조사 지	착할 선	

남의 착한 것을 보거든 나의 착한 것을 찾고,

見	人	之	惡	而	尋	己	之	惡	이니라.
볼 견	사람 인	어조사 지	악할 악	말이을 이	찾을 심	자기 기	어조사 지	악할 악	

남의 악한 것을 보거든 나의 악한 것을 찾아라.

 **다음 중 '나'를 뜻하는 한자에 ◯표를 해 보세요.**

己   人   善   惡   見

함께 생각해요!

누구에게나 장단점이 있어. 다른 사람의 장점을 발견했다면 그 모습을 배우고 본받으려 노력해 봐. 또 누군가의 단점을 발견했다면 그 모습에 나를 비추어 반성하는 것도 좋아.

정답 己

30일째 정기편 몸을 바르게 하는 글

욕량타인 선수자량 상인지어 환시자상
欲量他人　先須自量　傷人之語　還是自傷

남을 헤아리고자 하거든 먼저 모름지기 나를 헤아려라.
남에게 상처 주는 말은 도리어 내게 상처를 입힌다.

💚 모름지기: 마땅히 또는 반드시.

[1컷] 앗! 차가! *뽁~* (사과 주스)

[2컷] 에휴, 조심 좀 하지~ / 괜찮아…. / 미안.

[3컷] 어라? 재, 재채기?! 에~ 에~ 근질근질

[4컷] 에휴~ 영재야, 너도 조심 좀 해~! / 푸에취~

함께 살아가기 위해 필요한 말

월   일   요일

 뜻을 생각하며 바르게 따라 써 보세요.

欲	量	他	人	인대	先	須	自	量	하라.
하고자할 욕	헤아릴 량	다를 타	사람 인		먼저 선	모름지기 수	스스로 자	헤아릴 량	

남을 헤아리고자 하거든 먼저 모름지기 나를 헤아려라.

傷	人	之	語	는	還	是	自	傷	이다.
상처 상	사람 인	어조사 지	말씀 어		돌아올 환	이 시	스스로 자	상처 상	

남에게 상처 주는 말은 도리어 내게 상처를 입힌다.

 〈보기〉에서 알맞은 한자를 골라 빈칸을 채워 보세요.

〈보기〉   人   先   自   欲

○   習   혼자의 힘으로 배워서 익힘.

스스로 자   익힐 습

 다른 사람을 비판하거나 흉보고 싶을 때가 있을 거야. 하지만 내가 한 뾰족한 말들은 나에게 다시 돌아오는 법! 그러니까 나쁜 맘이 들 때는 하려던 행동을 잠시 멈추고 자신을 먼저 돌아보는 게 좋아.

정답   自

31일째

정기편 몸을 바르게 하는 글

과전 불납리 이하 부정관
瓜田 不納履 李下 不整冠

남의 오이 밭에서는 신을 고쳐 신지 말고,
남의 오얏나무 아래에서는 갓을 고쳐 쓰지 말라.

● 오얏나무: 자두나무.

참 잘했어요!
월   일   요일

스티커를 붙여 보세요

 **뜻을 생각하며 바르게 따라 써 보세요.**

瓜	田	에	不	納	履	하고,		
오이 과	밭 전		아닐 불	들일 납	신 리			
남의 오이 밭에서는 신을 고쳐 신지 말고,							
李	下	에	不	整	冠	이니라.		
오얏 이	아래 하		아닐 부	가지런할 정	갓 관			
남의 오얏나무 아래에서는 갓을 고쳐 쓰지 말라.							

 **서로 어울리는 글자와 그림을 연결해 보세요.**

 •   •

 •   •

 오이 밭에서 신발을 고쳐 신으려고 몸을 구부리면 오이를 훔친다는 오해를 받고, 오얏나무 아래에서 갓을 고쳐 쓰려고 손을 올리면 열매를 훔친다는 오해를 받는다는 뜻이야. 즉, 오해를 살 만한 행동은 처음부터 하지 말라는 거지!

32일째 정기편 몸을 바르게 하는 글

이불문인지비 목불시인지단 구불언인지과
耳不聞人之非 目不視人之短 口不言人之過

귀로는 남의 그릇됨을 듣지 말고, 눈으로는 남의 단점을 보지 말고, 입으로는 남의 허물을 말하지 말라.

월   일   요일

뜻을 생각하며 바르게 따라 써 보세요.

耳	不	聞	人	之	非	하고,	目	不	視
귀 이	아닐 불	들을 문	사람 인	어조사 지	아닐 비		눈 목	아닐 불	볼 시

귀로는 남의 그릇됨을 듣지 말고, 눈으로는 남의 단점을

人	之	短	하고,	口	不	言	人	之	過	하라.
사람 인	어조사 지	짧을 단		입 구	아닐 불	말씀 언	사람 인	어조사 지	허물 과	

보지 말고, 입으로는 남의 허물을 말하지 말라.

서로 어울리는 한자끼리 연결해 보세요.

耳 •   • 言

目 •   • 聞

口 •   • 視

남의 단점이 아니라 장점을 듣고, 보고, 말하는 건 어떨까? 장점을 찾아 칭찬하는 거지. 칭찬은 위대한 힘을 가졌거든. 친구와 서로 칭찬을 주고 받는 모습을 떠올려 봐. 생각만 해도 훈훈하지?

33일째

존심편 마음을 보존하는 글

책인지심 책기 서기지심 서인
責人之心 責己 恕己之心 恕人

남을 꾸짖는 마음으로 자기를 꾸짖고,
자기를 용서하는 마음으로 남을 용서하라.

월   일   요일

 뜻을 생각하며 바르게 따라 써 보세요.

責	人	之	心	으로	責	己	하고,		
꾸짖을 책	사람 인	어조사 지	마음 심		꾸짖을 책	자기 기			

남을 꾸짖는 마음으로 자기를 꾸짖고,

恕	己	之	心	으로	恕	人	하라.		
용서할 서	자기 기	어조사 지	마음 심		용서할 서	사람 인			

자기를 용서하는 마음으로 남을 용서하라.

 '서기지심 서인'과 어울리는 상황에 ✔표를 해 보세요.

❶ 친구가 사과했지만, 아직 받아주고 싶지 않아.   (   )

❷ 실수는 누구나 할 수 있지. 괜찮아~   (   )

 다른 사람의 잘못엔 엄격하면서 내 잘못엔 늘 너그러운 사람들이 있어. 하지만 그 반대가 좋아. 나에게 엄격하면 스스로 발전할 수 있고, 타인을 너그럽게 대하면 좋은 관계를 유지할 수 있거든.

아래 초성에 맞는 구슬을 찾아 빈칸을 완성해 보세요.

| 부 | 혜 | 생 | 아 | | ㅁ | ㅎ | ㄱ | ㅇ |

아버지는 나를 낳으시고, 어머니는 나를 기르셨다.

| 상 | 인 | 지 | 어 | | ㅎ | ㅅ | ㅈ | ㅅ |

남에게 상처 주는 말은 도리어 내게 상처를 입힌다.

아래 명심보감 구절을 읽고, 바르게 해석한 친구 세 명을 찾아보세요.

과전 불납리 이하 부정관
瓜田 不納履 李下 不整冠

승수: '과전 불납리'는 '남의 오이 밭에서는 신을 고쳐 신지 말라.'는 뜻이야.

은율: 오이 밭에서 일할 때는 딴짓하지 말고 열심히 일하라는 거지.

민서: 오해를 살 만한 행동은 처음부터 하지 말라는 걸 텐데?

윤찬: 맞아. 마찬가지로 '**이하 부정관**'은 '오얏나무 아래에서는 갓을 고쳐 쓰지 말라.'는 거야.

지우: 그러니까 오해 받지 않으려면 눈에 띄지 않는 밤에 가야지.

서준: 으이구! 신발이나 갓은 미리 고쳐 놓으라는 거거든?!

알쏭달쏭! 누구 말이 맞는 걸까?

정답

시은물구보 여인물추회
施恩勿求報 與人勿追悔

은혜를 베풀었거든 보답을 바라지 말고,
남에게 주었거든 나중에 후회하지 말라.

월　　　일　　　요일

 뜻을 생각하며 바르게 따라 써 보세요.

施恩勿求報 하고,
베풀 시 · 은혜 은 · 말 물 · 구할 구 · 갚을 보

은혜를 베풀었거든 보답을 바라지 말고,

與人勿追悔 하라.
줄 여 · 사람 인 · 말 물 · 쫓을 추 · 뉘우칠 회

남에게 주었거든 나중에 후회하지 말라.

 다음 밑줄 친 부분이 뜻하는 한자를 〈보기〉에서 찾아 써 보세요.

<보기>　　報　求　勿　恩

은혜를 원수로 갚아서는 안 돼! ➡ 　

 무언가 베푼 뒤 보답을 바라게 된다면 그건 진정한 베풂이 아니야. 진심으로 베풀었을 때는 돌려받을 마음도, 후회하는 마음도 들지 않는 법이거든. 누군가를 위하는 마음이 바탕이 된다면 충분히 가능한 일이야.

정답　恩

35일째 존심편 마음을 보존하는 글

심불부인 면무참색
心 不 負 人　面 無 慙 色

마음이 남을 저버리지 않으면
얼굴에 부끄러운 빛이 없다.

💚 저버리다: 지켜야 할 도리나 의리를 잊거나 어기다.

월   일   요일

 **뜻을 생각하며 바르게 따라 써 보세요.**

心	不	負	人	이면
마음 심	아닐 불	저버릴 부	사람 인	

마음이 남을 저버리지 않으면

面	無	慙	色	이니라.
얼굴 면	없을 무	부끄러울 참	빛 색	

얼굴에 부끄러운 빛이 없다.

 **다음 그림과 어울리는 한자를 〈보기〉에서 찾아 써 보세요.**

〈보기〉 心 面 色 無

 얼굴은 마음의 거울이래. 그래서 떳떳하지 않을 때는 그 마음이 얼굴에 다 드러나나 봐. 언제나 당당한 사람이 되려면 항상 부끄러움 없이 행동해야겠지?

정답 面

36일째

존심편 마음을 보존하는 글

책인자 부전교 자서자 불개과
責人者 不全交 自恕者 不改過

남을 꾸짖는 사람은 사귐을 온전히 하지 못하고,
자기를 용서하는 사람은 허물을 고치지 못한다.

월　　　일　　　요일

 뜻을 생각하며 바르게 따라 써 보세요.

責	人	者	는	不	全	交	요,
꾸짖을 책	사람 인	사람 자		아닐 부	온전할 전	사귈 교	

남을 꾸짖는 사람은 사귐을 온전히 하지 못하고,

自	恕	者	는	不	改	過	니라.
스스로 자	용서할 서	사람 자		아닐 불	고칠 개	허물 과	

자기를 용서하는 사람은 허물을 고치지 못한다.

 <보기>에서 알맞은 한자를 골라 빈칸을 채워 보세요.

<보기>　　者　全　責　交

편안할 안　온전할 전　➡　위험이 생기거나 사고가 날 걱정이 없음.

 항상 남의 잘못을 지적하면서 자기 잘못만 쉽게 넘어가는 친구와는 좋은 관계를 유지할 수 없어. 다른 사람에게는 너그럽게 대하고, 자신의 단점을 고치려 노력해야 하지. 그동안 나의 모습은 어땠는지 한번 돌아보자.

정답　全

37일째 계성편 성품을 경계하는 글

붕우인지 명불폐 자신인지 무화해
朋友忍之 名不廢 自身忍之 無禍害

친구끼리 참으면 이름을 망치지 않고,
내가 참으면 나쁜 일이 일어나지 않는다.

[만화]

- 집중 좀 해!
- 누가 할 소리? 저번에도 너 때문에 망했거든?
- 나와! 저 아이템 내가 먹어야 돼!
- 아냐, 내가 먹고 나가야 이긴다니까!
- 비켜~!
- 너 못 한다니까? 내가 먹는다고!
- 앗, 끝났어.
- 으악! 싸우지 말고, 나부터 잘할걸….
- 아쉽다.
- 나야말로 좀 참을걸….

GAME OVER

94 함께 살아가기 위해 필요한 말

월　　일　　요일

 **뜻을 생각하며 바르게 따라 써 보세요.**

朋	友	忍	之	면	名	不	廢	하고,
벗 붕	벗 우	참을 인	이것 지		이름 명	아닐 불	폐할 폐	

친구끼리 참으면 이름을 망치지 않고,

自	身	忍	之	면	無	禍	害	니라.
스스로 자	몸 신	참을 인	이것 지		없을 무	재앙 화	해할 해	

내가 참으면 나쁜 일이 일어나지 않는다.

 **다음 중 '친구'를 뜻하는 한자에 모두 ○표를 해 보세요.**

自　　朋　　友　　身

忍　　不　　名

공자는 여러 덕목 중에서도 참는 것이 중요하다고 했어. 나라의 관리들이 서로 참고, 가족이 서로 참고, 친구가 서로 참으면 여러 가지 어려움을 견디고 함께 발전할 수 있다고 말이야.

정답　朋, 友

38일째 성심편 마음을 살피는 글

자신자 인역신지
自信者 人亦信之

스스로 믿는 사람은
다른 사람 또한 그 사람을 믿는다.

월 일 요일

뜻을 생각하며 바르게 따라 써 보세요.

自(스스로 자) 信(믿을 신) 者(사람 자) 는
스스로 믿는 사람은
人(사람 인) 亦(또 역) 信(믿을 신) 之(이것 지) 니라.
다른 사람 또한 그 사람을 믿는다.

다음 빈칸을 채워 '자신자 인역신지' 구절과 그 뜻을 완성해 보세요.

◯信者 人亦◯之

_____ 믿는 사람은 다른 사람 또한 그 사람을 _____.

 자신감이란 스스로 믿는 마음이야. "나는 할 수 있다!"라는 주문은 용기를 불러일으켜. 용기 있게 행동하는 사람은 다른 사람들의 응원을 받을 거야. 그러니까 누가 뭐래도 자신을 한번 믿어 봐!

정답 自, 信, 스스로, 믿는다

의인막용 용인물의
疑人莫用　用人勿疑

사람을 의심하거든 쓰지 말고,
사람을 쓰거든 의심하지 말라.

월　　일　　요일

뜻을 생각하며 바르게 따라 써 보세요.

疑(의심할 의) 人(사람 인) 莫(없을 막) 用(쓸 용) 하고,
사람을 의심하거든 쓰지 말고,

用(쓸 용) 人(사람 인) 勿(말 물) 疑(의심할 의) 니라.
사람을 쓰거든 의심하지 말라.

<보기>에서 알맞은 한자를 골라 빈칸을 채워 보세요.

<보기>　勿　莫　用　人

使(부릴 사) ◯(쓸 용) ➡ 일정한 목적이나 기능에 맞게 씀.

 **함께 생각해요!** 사람 사이에는 신뢰가 중요해. 나부터 믿음직한 사람이 되고, 주변에 믿을 만한 사람을 두고, 또 서로를 믿고 함께해야 해. 이게 바로 우리가 함께 살아가기 위해 잊지 말아야 할 태도야.

정답　用

40일째 성심편 마음을 살피는 글

욕식기인 선시기우 욕지기부 선시기자
欲識其人 先視其友 欲知其父 先視其子

그 사람을 알고 싶거든 먼저 그 친구를 보고,
그 아버지를 알고 싶거든 먼저 그 아들을 보라.

월   일   요일

 뜻을 생각하며 바르게 따라 써 보세요.

欲	識	其	人	인대	先	視	其	友	하고,
하고자할 욕	알 식	그 기	사람 인		먼저 선	볼 시	그 기	벗 우	

그 사람을 알고 싶거든 먼저 그 친구를 보고,

欲	知	其	父	인대	先	視	其	子	하라.
하고자할 욕	알 지	그 기	아비 부		먼저 선	볼 시	그 기	아들 자	

그 아버지를 알고 싶거든 먼저 그 아들을 보라.

 한자가 만들어진 원리를 보고, 어떤 한자인지 빈칸에 써 보세요.

화살과 입이 더해진 것으로, 아는 것이 많아 화살처럼 말을 빠르게 한다는 의미에서 '알다'를 뜻하는 글자가 되었다.

가까운 사람끼리는 닮는다고 해. 주변에 좋은 사람이 있길 바란다면 나 역시 좋은 사람이 되어야겠지? 나쁜 행동을 하면서 주변에 좋은 사람이 있기를 바랄 수는 없으니까!

정답 知

기소불욕 물시어인
己 所 不 欲 勿 施 於 人

내가 하고자 하지 않는 것을
남에게 베풀지 말라.

 뜻을 생각하며 바르게 따라 써 보세요.

己	所	不	欲	을				
자기 기	바 소	아닐 불	하고자할 욕					

내가 하고자 하지 않는 것을

勿	施	於	人	하라.				
말 물	베풀 시	어조사 어	사람 인					

남에게 베풀지 말라.

 다음 그림과 어울리는 한자를 〈보기〉에서 찾아 써 보세요.

 더불어 살아가기 위해 필요한 건 무엇일까? 그건 바로 싫은 건 싫다고 말할 줄 아는 용기, 그리고 다른 사람의 입장도 존중할 수 있는 배려심이야!

정답 施

쉬어 가기 5 사다리 타기

사다리를 타고 도착한 곳에 들어갈 말을 〈보기〉에서 찾아 써 보세요.

| 심불부인 | 욕지기부 | 의인막용 | 붕우인지 |

〈보기〉

용인물의   명불폐   면무참색   선시기자

바르게 해석한 칸을 색칠하고, 색칠한 모양이 나타내는 자음을 써 보세요.

시은물구보 은혜를 베풀었거든 보답을 바라지 말라.	**용인물의** 사람을 쓰거든 항상 의심해라.	**면무참색** 사진에 부끄러운 빛이 없다.
기소불욕 물시어인 내가 하고자 하지 않는 것을 남에게 베풀지 말라.	**욕식기인 선시기우** 그 사람을 알고 싶거든 먼저 남의 욕을 하는지 살펴보라.	**자서자 불개과** 자기를 용서하는 사람은 다른 사람도 용서한다.
자신자 인역신지 스스로 믿는 사람은 다른 사람 또한 그 사람을 믿는다.	**책인자 부전교** 남을 꾸짖는 사람은 사귐을 온전히 하지 못한다.	**자신인지 무화해** 내가 참으면 나쁜 일이 일어나지 않는다.

정답

입교편 가르침을 세우는 글

장유유서 붕우유신
長幼有序 朋友有信

어른과 아이 사이에는 차례가 있어야 하며,
친구 사이에는 믿음이 있어야 한다.

월   일   요일

 뜻을 생각하며 바르게 따라 써 보세요.

長	幼	有	序	며,
어른 장	어릴 유	있을 유	차례 서	

어른과 아이 사이에는 차례가 있어야 하며,

朋	友	有	信	이니라.
벗 붕	벗 우	있을 유	믿을 신	

친구 사이에는 믿음이 있어야 한다.

 다음 그림을 보고, 알맞은 반대말을 〈보기〉에서 찾아 써 보세요.

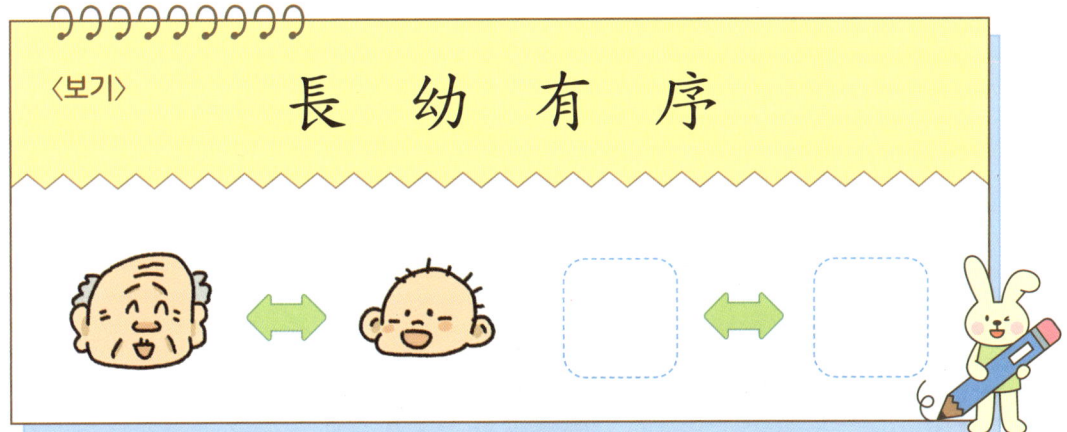

〈보기〉 長 幼 有 序

 예로부터 윗사람을 공경하는 자세와 친구 사이의 믿음은 중요했어. 오늘날도 마찬가지야. 시간이 흘러도 변치 않는 덕목들이 있지. 그렇다면 공경, 믿음 말고 또 뭐가 있을까?

정답 長, 幼

치정편 나라를 다스리는 글

당관지법 유유삼사 왈청왈신왈근
當官之法 唯有三事 曰淸曰愼曰勤

관직을 맡아 지켜야 할 법이 오직 세 가지가 있으니,
청렴함과 신중함 그리고 부지런함이다.

참 잘했어요!
월   일   요일
스티커를 붙여 보세요

 뜻을 생각하며 바르게 따라 써 보세요.

當	官	之	法	이	唯	有	三	事	하니,
맡을 당	벼슬 관	어조사 지	법 법		오직 유	있을 유	석 삼	일 사	
관직을 맡아 지켜야 할 법이 오직 세 가지가 있으니,										
曰	淸	曰	愼	曰	勤	이라.			
말할 왈	맑을 청	말할 왈	삼갈 신	말할 왈	부지런할 근				
청렴함과 신중함 그리고 부지런함이다.										

 관직을 맡아 지켜야 할 세 가지 태도에 ◯표를 해 보세요.

勤   欲   淸   樂   愼

옛날이나 지금이나 관직을 맡은 사람이라면 누구보다 먼저 모범을 보여야 해. 부정부패 없이 청렴하고, 신중하고, 부지런해야 하지. 당연해 보이지만 쉽지 않은 일이야.

정답 勤, 淸, 愼

준례편 예를 따르는 글

노소장유 천분질서 불가패리이상도야
老少長幼 天分秩序 不可悖理而傷道也

늙은이와 젊은이, 어른과 아이는 하늘이 정한 차례이니,
이치를 어기고 도를 상하게 해서는 안 된다.

월   일   요일

 **뜻을 생각하며 바르게 따라 써 보세요.**

老	少	長	幼	는	天	分	秩	序	니,
늙을 노	젊을 소	어른 장	어릴 유		하늘 천	나눌 분	차례 질	차례 서	
늙은이와 젊은이, 어른과 아이는 하늘이 정한 차례이니,									
不	可	悖	理	而	傷	道	也	니라.	
아닐 불	옳을 가	거스를 패	이치 리	말이을 이	다칠 상	길 도	어조사 야		
이치를 어기고 도를 상하게 해서는 안 된다.									

 **'불가패리이상도야'와 어울리는 상황에 ✔표를 해 보세요.**

 ❶ 3반 선생님과는 별로 안 친하니까 인사를 안 해도 돼.   (   )

 ❷ 할머니께 어디 편찮으신 데는 없는지 안부 전화를 드렸어.   (   )

 **함께 생각해요!** 예절이 중요한 이유는 우리가 타인과 함께 살아가는 존재이기 때문이야. 예절은 곧 존중하는 마음이거든. 서로 존중하는 마음을 바탕으로 어른이 모범을 보이고, 아이가 잘 따르면 올바른 사회가 될 거야.

약요인중아 무과아중인
若要人重我　無過我重人

만약 남이 나를 소중하게 여기길 바란다면
내가 남을 소중히 여기는 것을 잊으면 안 된다.

월 일 요일

 뜻을 생각하며 바르게 따라 써 보세요.

若	要	人	重	我	면
만약 약	구할 요	사람 인	중요할 중	나 아	

만약 남이 나를 소중하게 여기길 바란다면

無	過	我	重	人	이니라.
없을 무	지날 과	나 아	중요할 중	사람 인	

내가 남을 소중히 여기는 것을 잊으면 안 된다.

 〈보기〉에서 알맞은 한자를 골라 빈칸을 채워 보세요.

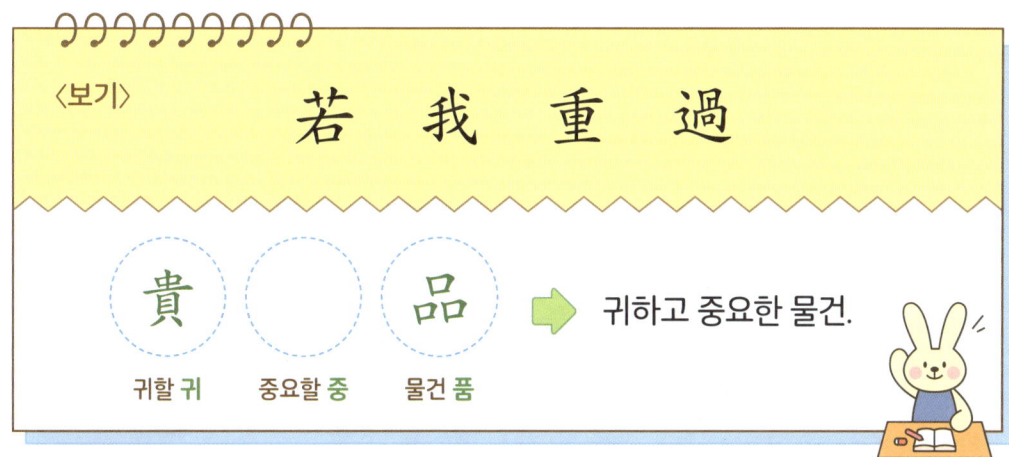

〈보기〉 若 我 重 過

貴 〇 品 ➡ 귀하고 중요한 물건.

귀할 귀   중요할 중   물건 품

 어디서든 배려와 존중을 받고 싶지? 그럼 나 먼저 상대방을 배려하고 존중해야 해. 누구든 나한테 잘해 주는 사람에게 따뜻함을 베풀고 싶으니까. 내가 베푼 친절이 나에게 돌아올 때의 벅찬 마음을 느껴 보자!

정답 重

부불언자지덕 자불담부지과
父不言子之德 子不談父之過

아버지는 아들의 덕을 말하지 않으며,
아들은 아버지의 허물을 말하지 않는다.

월   일   요일

 뜻을 생각하며 바르게 따라 써 보세요.

父	不	言	子	之	德	하며,			
아비 부	아닐 불	말씀 언	아들 자	어조사 지	덕 덕				

아버지는 아들의 덕을 말하지 않으며,

子	不	談	父	之	過	니라.			
아들 자	아닐 불	말씀 담	아비 부	어조사 지	허물 과				

아들은 아버지의 허물을 말하지 않는다.

 다음 중 '말씀'을 뜻하는 한자에 모두 ◎표를 해 보세요.

 자칫 아이가 교만해지지는 않을까, 다른 사람들 눈에 나쁘게 비치지는 않을까 염려하는 부모님의 마음이 느껴져. 부모님을 깎아내리지 않으려 조심하는 자식의 마음도 느껴지고. 이처럼 부모와 자식이 서로를 걱정하는 마음은 옛날이나 지금이나 똑같아!

정답 言, 談

47일째 언어편 말을 조심하는 글

폐구심장설 안신처처뢰
閉口深藏舌 安身處處牢

입을 닫고 혀를 깊이 감추면
어느 곳에 있어도 몸이 편하다.

— 새로 온 사범님 너무 재미없어~
— 목소리도 너무 크고….
— 난 별로~
— 난 괜찮은데.
— 얍!
— 얍!
— 헉!
— 나영재! 시범 보이게 앞으로!
— 내 얘기 들으셨나?
— 아직 잘 모르는데 험담은 하지 말걸….
— 혼내시려나?

월   일   요일

 **뜻을 생각하며 바르게 따라 써 보세요.**

| 閉 | 口 | 深 | 藏 | 舌 | 이면 |
| 닫을 폐 | 입 구 | 깊을 심 | 감출 장 | 혀 설 | |

입을 닫고 혀를 깊이 감추면

| 安 | 身 | 處 | 處 | 牢 | 니라. |
| 편안할 안 | 몸 신 | 곳 처 | 곳 처 | 우리 뢰 | |

어느 곳에 있어도 몸이 편하다.

 **다음 문장에서 틀린 부분을 찾아 바르게 고쳐 써 보세요.**

폐구심장설 안신처처뢰는
① **입**을 닫고 ② **입술**을 깊이 감추면
③ **어느 곳**에 있어도 ④ **몸**이 편하다는 뜻이다.

(   )

'말'은 입 안에 있을 때와 입 밖으로 나올 때 완전히 달라져. 그래서 말을 할 때는 늘 신중해야 해. 괜히 가시 같은 말을 툭 내뱉었다가 안절부절못할 일이 생길지 몰라.

정답 ② 혀

교우편 좋은 친구를 사귀기 위한 글

여선인거 여입지란지실
與善人居 如入芝蘭之室

착한 사람과 함께 있으면
난초가 있는 방에 들어간 것과 같다.

월   일   요일

 **뜻을 생각하며 바르게 따라 써 보세요.**

與	善	人	居	면
더불 여	착할 선	사람 인	있을 거	

착한 사람과 함께 있으면

如	入	芝	蘭	之	室	하다.
같을 여	들 입	지초 지	난초 란	갈 지	집 실	

난초가 있는 방에 들어간 것과 같다.

 **다음 한자와 어울리는 행동에 ✔표를 해 보세요.**

① 친구가 다리를 다쳐서 가방을 들어 주었어.

② 아무도 안 볼 때 몰래 쓰레기를 길에 버렸어.

난초가 있는 방에 들어가면 좋은 향기가 몸에 배듯이, 좋은 사람 곁에 있으면 그 사람의 좋은 점을 배우게 된다는 뜻이야. 자연스레 닮아가는 거지. 그렇다면 친구끼리 서로 좋은 영향을 줄 수 있도록 노력해야겠지?

교우편 좋은 친구를 사귀기 위한 글

불결자화 휴요종 무의지붕 불가교
不結子花　休要種　無義之朋　不可交

열매를 맺지 않는 꽃은 심지 말고,
의리가 없는 친구는 사귀지 말라.

월　　일　　요일

 **뜻을 생각하며 바르게 따라 써 보세요.**

| 不 | 結 | 子 | 花 | 는 | 休 | 要 | 種 | 이요, |
| 아닐 불 | 맺을 결 | 아들 자 | 꽃 화 | | 쉴 휴 | 구할 요 | 심을 종 | |

열매를 맺지 않는 꽃은 심지 말고,

| 無 | 義 | 之 | 朋 | 은 | 不 | 可 | 交 | 니라. |
| 없을 무 | 옳을 의 | 어조사 지 | 벗 붕 | | 아닐 불 | 가히 가 | 사귈 교 | |

의리가 없는 친구는 사귀지 말라.

 **다음 그림과 어울리는 한자를 〈보기〉에서 찾아 써 보세요.**

〈보기〉　　結　義　花　朋

 의리란 사람과의 관계에서 마땅히 지켜야 할 도리를 말해. 공자와 그 제자들은 사람을 사귈 때 의리와 믿음이 가장 중요하다고 생각했대. 친구들 생각은 어때?

정답　朋

교우편 좋은 친구를 사귀기 위한 글

노요지마력 일구견인심
路遙知馬力 日久見人心

길이 멀어야 말의 힘을 알 수 있고,
날이 오래 지나야 사람의 마음을 볼 수 있다.

참 잘했어요!

월   일   요일

스티커를 붙여 보세요

 **뜻을 생각하며 바르게 따라 써 보세요.**

路	遙	知	馬	力	이요,
길 노	멀 요	알 지	말 마	힘 력	

길이 멀어야 말의 힘을 알 수 있고,

日	久	見	人	心	이니라.
날 일	오랠 구	볼 견	사람 인	마음 심	

날이 오래 지나야 사람의 마음을 볼 수 있다.

 **서로 어울리는 글자와 그림을 연결해 보세요.**

路 •   •

馬 •   •

 함께 생각해요!

짧은 순간에 파악할 수 있는 것도 있지만, 긴 시간 공을 들여야만 알 수 있는 것도 있어. 사람의 마음이 그렇지. 누군가의 진면목을 알려면 긴 시간이 필요해. 친구들에게 내 첫인상과 지금의 느낌이 같을까? 궁금한걸?!

정답 二   123

영재의 《명심보감》 책이 더럽혀졌어요. 더럽혀진 부분을 〈보기〉에서 찾아 빈칸에 써 보세요.

장유유서

長幼有序 朋友有信

○○과 ○○ 사이에는 차례가 있어야 하며, 친구 사이에는 믿음이 있어야 한다.

일구견인심

路遙知馬力 日久見人心

길이 멀어야 말의 힘을 알 수 있고, 날이 오래 지나야 ○○의 ○○을 볼 수 있다.

보기 노요지마력 붕우유신 마음 아이 어른 사람

기말고사 문제를 잘 읽고, 알맞은 정답을 써 보세요.

명심보감 천재 되기
기말고사

이름 _____

1. '여선인거 여입지란지실'은 '착한 사람과 함께 있으면 ○○가 있는 방에 들어간 것과 같다.'는 뜻이다. ○○에 알맞은 것을 고르시오.

① 향수　　② 소파
③ 난초　　④ TV

2. 다음 대화를 읽고, 알맞은 대답을 고르시오.

> 유진: 전학 온 친구는 어때?
> 수빈: 처음엔 낯을 가려서 잘 몰랐는데 모두에게 친절한 친구더라.
> 유진: 역시_____!

① 일구견인심
② 무과아중인
③ 무의지붕 불가교
④ 붕우유신

3. 아래의 내용과 같은 뜻의 속담을 고르시오.

> **장유유서**
> 어른과 아이 사이에는 차례가 있다.

① 귀에 걸면 귀걸이 코에 걸면 코걸이
② 아니 땐 굴뚝에서 연기 날까
③ 찬물도 위아래가 있다
④ 미운 놈 떡 하나 더 준다

4. 아래 설명을 읽고, 답을 쓰시오.

> 명심보감 치정편에서는 관직을 맡은 이가 지켜야 할 법이 세 가지 있다고 했다. 그 세 가지는 무엇일까?

_____ , _____ , _____

정답

쉬어 가기 1

28쪽 / 29쪽

쉬어 가기 2

46쪽 / 47쪽

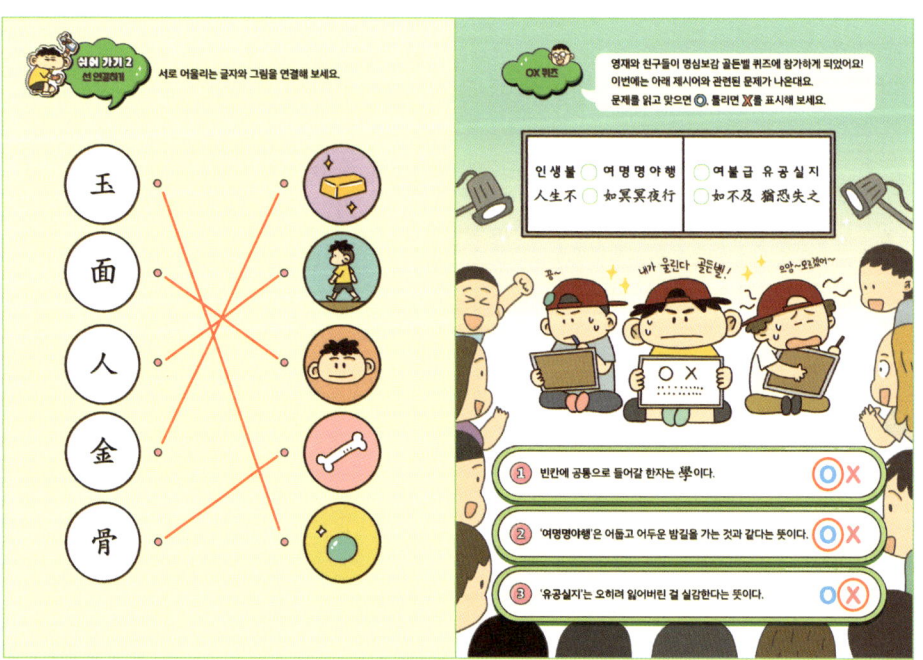

126

쉬어 가기 3

66쪽 / 67쪽

쉬어 가기 4

86쪽 / 87쪽

127

쉬어 가기 5

104쪽 / 105쪽

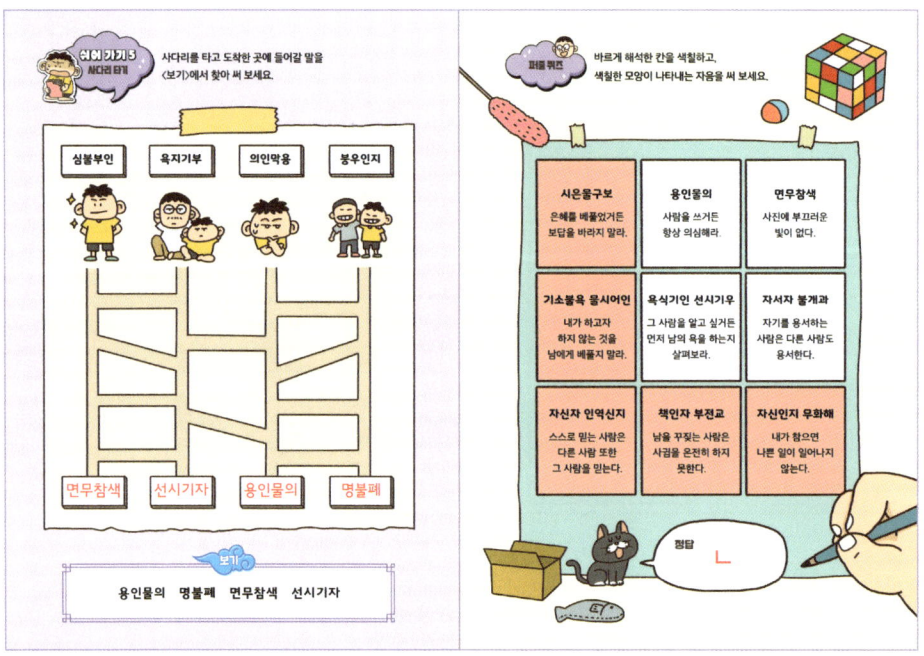

쉬어 가기 6

124쪽 / 125쪽

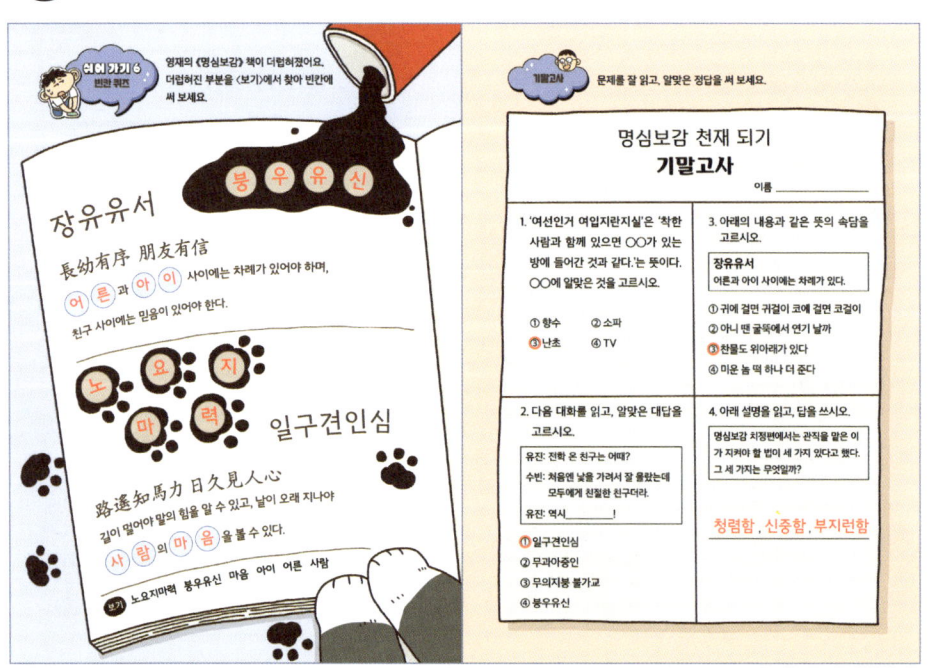

 오늘 하루도 열심히 공부했어? 그럼 귀여운 스티커를 공부한 페이지에 붙여 보자!